はじめに

　遺言書は、誰でも簡単に書くことができます。

　しかし、自筆で書いた遺言書は、少しの不注意や知識不足が原因で、無効になってしまうことがあります。

　せっかく書いた遺言書が無駄にならないように、この冊子を活用していただきたいと思います。

神奈川県司法書士協同組合

目　次

遺言とは

　遺言について「お金持ちが書くもの」というイメージをお持ちの方は少なくありません。しかし、このイメージは正しくありません。

　遺言は、「自分の死後、残された人が困らないために書くもの」なのです。ですから、財産の多い、少ないは関係ありません。

　まずは、ここを頭に入れて、遺言の準備を始めていきましょう。

遺言の勧め

　遺言とは、「自分の死後、残された人が困らないために書くもの」と説明しました。これは、「遺言がないと、残された人が困ってしまう」と言い換えることができます。

　特に、次のような場合は、遺言がないと、残された人や関係者が困ってしまう可能性が高いので、遺言の準備を強くお勧めします。

①	子供がいないので、配偶者に全ての財産を残したい。	遺言書文例 (1) 65頁
②	子供たちの仲が悪いので、あらかじめ財産分けを決めておきたい。	遺言書文例 (2) 66頁
③	家業を継ぐ子に財産を継がせたい。	遺言書文例 (3) 67頁
④	介護してくれた長男の嫁にも財産を譲りたい。	遺言書文例 (4) 68頁
⑤	相続人がいないので、慈善団体に寄付したい。	遺言書文例 (5) 69頁
⑥	内縁の妻に、財産を残したい。	遺言書文例 (6) 70頁
⑦	前妻との間に子がおり、後妻のために住居を残してあげたい。	遺言書文例 (7) 71頁

これから
自筆証書遺言の作り方を
ご案内します。

これからわたしが
ときどき登場して
コメントをしていき
ます。

神奈川県司法書士会キャラクター
ユーキくん

ステップ1

付録の袋を開けましょう

まず、付録の袋を開けて中をご覧下さい。

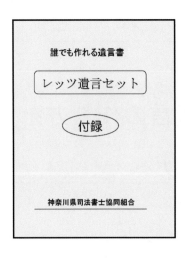

付録の袋には、次のものが入っています。

遺言書封筒（黄緑色）　　1通

財産リスト　　　　　　　3枚

遺言書用便箋　　　　　　5枚

遺言書用封筒（白色）　　3通

遺言書封筒（黄緑色）１通

表　　　　　　裏

この遺言書封筒の中に遺言書の
サンプルが入っています。

財産リスト３枚

遺言書用封筒（白色）　３通

表　　　　　　裏

遺言書用便箋５枚

9

ステップ 2
遺言書を見てみましょう

1　さっそく付録の袋のなかの黄緑色の遺言書封筒を手にとってご覧下さい

2　封筒の表も裏もよく見て下さい

表に遺言書と印刷されています。

裏面に封印が押してありますね。

3　開封してみましょう

封筒に遺言書が入っていますから開封してみましょう。もちろん、参考例ですからこの遺言書は本物ではありません。

4　どうですか

意外と簡単なものであることがお分かりでしょう。

このような簡単なものでも、もしも遺言書を書いてなかったら、残された人が大変な苦労をすることがあります。

遺言書封筒（黄緑色）

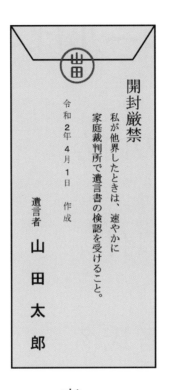

表　　　　　裏

※　これはサンプルなので開封していただきますが、本物の遺言書は遺言者本人以外、たとえ相続人であっても決して開封してはいけません。

※　家庭裁判所外で開封した人は、５万円以下の過料に処せられることがあります。

遺言書を書くのは簡単ですが、
最低限のルールがあります。
次のステップで確認してください。

ステップ 3

自筆で遺言を書くときの
ルールは4つです

（1）本文の内容

（2）作成日付　　　　これを全部
　　　　　　　　　　自筆で書く
（3）作成者氏名

（4）作成者の印鑑を自分で押す

ルールはこれだけです。

　　次頁の遺言書例はこの４つのルールを守って書かれています。ただし、この例のようにワープロで書いてはいけません。全て自筆で書いてください。

簡単な遺言書の例

一番簡単な遺言書の例です。

遺言書

全ての遺産は、妻山田花子に相続させる。

※ 「妻」だけでも特定できますが、この例文のように
　　妻の名前も書くのがよいでしょう。

令和2年4月1日

※ 日付は和暦でも西暦でもどちらでも構いません。
　　ただし、日にちまで必ず書かなければいけません。

横浜市中区吉浜町1番地

※ ルールでは住所を書く必要はありませんが、どこの誰が書いたか
　　他の人にも分かるように住所も書きましょう。

山田太郎　㊞

※ 通称名やペンネームは好ましくありません。戸籍に記載され
　　ている名前を正確に書きましょう。

※ 印鑑は認印でもよいのですが、本人が書いたことの証しという意味
　　で、なるべく実印を押すのがよいと思います。

ステップ 4

ちょっとした注意点

遺言が便箋2枚以上になったら

遺言書が便箋２枚以上になったら、便箋をホッチキスでとめて、便箋と便箋の間に割印を押しておきましょう。

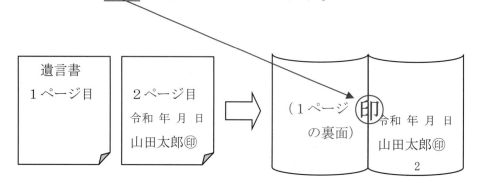

更に１ページ目、２ページ目と文書の順番が分かるように、便箋下部にページ番号を書いておくとなおよいでしょう。

遺言書を訂正加筆したいとき

新しく書き直した方が安全・確実です。

自筆証書遺言の加除その他の変更は、遺言者が、その場所を指示し、これを変更した旨を付記して特にこれに署名し、かつ、その変更の場所に印を押さなければ、その効力がないとされています。このルールに従わないと、その遺言は加除・変更がなかったものと取り扱われます。それだけではなく、作成日付などの重要部分を誤った方法で修正すると、遺言全体が無効と解釈されることがあります。加除・修正が必要な遺言書は、新しく書き直した方が安全・確実です。

遺言書を入れる封筒の使い方

　付録の封筒は、遺言書を入れるためのものです。

　遺言書は封筒に入れなければならないものではありませんが、紛失や変造を防止するため封筒に入れて封印して保管することをお勧めします。

　※　封がされていたら、遺言者以外は、勝手に開封してはいけません。遺言者の死後、家庭裁判所で開封します。（詳しくは 21 頁の「自筆証書遺言の検認」をご覧下さい。）

遺言書の保管

　書いた遺言書は、紛失したり、盗まれたりしないように、適切な場所に保管して下さい。ただし、遺言書がどこにあるのか誰にも分からないのでは遺言書も効果を発揮できません。信頼のおける人に保管場所を知らせておくか、預けておくとよいかもしれません。

ステップ 5

練習で遺言書を作ってみましょう

1 付録の袋の中から白紙の便箋1枚と遺言書と書かれている
   封筒1通を取り出して下さい。

2 では便箋に簡単な遺言を書いてください。

        全文をご自分で書きましたか？

        日付も書きましたか？

        署名はしましたか？

        印鑑は押しましたか？

3 完成した遺言書は、遺言書用封筒に入れましょう。

4 簡単に開封されないよう封（のりづけ）をして下さい。

5 最後に、封筒の裏に作成日付、氏名を書いて、印鑑で封印し
   て下さい。

ここまでは練習です。

   ※ 練習で作った遺言書は、必ず破棄して下さい。

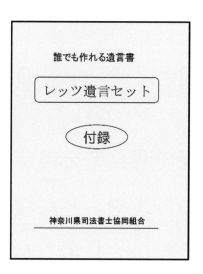

誰でも作れる遺言書

レッツ遺言セット

付録

神奈川県司法書士協同組合

遺言書用便箋

遺言書用封筒（白色）

遺言書

開封厳禁

私が他界したときは、速やかに家庭裁判所で遺言書の検認を受けること。

令和　年　月　日　作成

遺言者

封筒にも、作成日付と遺言者の
名前を書いておきましょう。

遺言入門

実際の遺言書を書く前に、まず、遺言の方式や、どんな場合に遺言が無効になってしまうかなど、基礎的なことを知っておきましょう。

遺言は、法律で厳格にルールが定められています。
　せっかく書いた遺言書が無効になったり、願いどおりに実現されなかったりしたら大変です。遺言書を書く前に、最小限の知識を得ておきましょう。

遺言書の作り方いろいろ

遺言書には、いくつかの作り方の方式があります。

（1）自筆証書遺言

　適宜の用紙に遺言の内容全文・日付・氏名を自筆で書いて、印鑑を押せば完成します。

（2）公正証書遺言

　証人２人以上が立会い、公証人の面前で遺言者が口述した遺言の内容をもとに公証人が作成するのが公正証書遺言です。

※１　民法では、このほか「秘密証書遺言」、「危急時遺言」、「隔絶地遺言」という特殊な遺言の規定が定められていますが、本書では割愛します。

※２　令和２年７月１０日より新たに「法務局による遺言書保管制度」が開始します。詳細は後掲コラム１（26頁）をご参照ください。

自筆証書遺言の長所・短所

＜長所＞

　費用がかからず、いつでも書けるという気軽さと、秘密にできるということです。

＜短所＞

　遺言書の保管者又は遺言書を発見した相続人は、家庭裁判所に「検認（けんにん）」の申立てをしなければならないという煩わしさがあります。

　また、遺言書を変造されたり、破棄されたりしやすく、紛失する恐れがあります。形式不備や内容不備で無効になる恐れもあります。

自筆証書遺言	
長　　　所	短　　　所
○　いつでもどこでも書ける ○　費用がかからない ○　秘密にできる	○　検認を受ける手間がかかる ○　変造されたり、破棄されたりしやすく、紛失の恐れもある ○　形式不備や内容不備で無効になる恐れがある

自筆証書遺言の検認

　遺言者が死亡したら、遺言書の保管者や発見した相続人は、家庭裁判所に「検認の申立て」をして下さい。

　法律は、遺言書の偽造や変造を防止するためと、遺言書の存在を相続人全員に知らせるために、本人死亡後、遺言書を発見した相続人や保管していた人に、遺言書を速やかに家庭裁判所に提出して、検認を請求することを義務づけています。

※　自筆証書遺言は検認の手続が必要です。検認をしないで遺言を執行したり、遺言書を開封してしまったりすると、５万円以下の過料に処せられることがあります。

「検認申立て」の際に、遺言者や相続人全員の戸籍謄本などが必要です。

　「遺言書検認の申立て」の際、遺言者の生まれたときから亡くなるまでの連続した戸籍・除籍等の謄本や相続人全員の戸籍抄本、受遺者（遺贈を受けた人）の住民票などが必要になります。

家庭裁判所で検認のための立会いがあります。

　遺言書の検認の請求を受けると、家庭裁判所は、その立会い期日を定め、相続人全員と利害関係人を書面で呼び出します。この呼び出しは、相続人等に遺言書の内容を知る機会を与えるだけのものであり、強制力はありません。実際には、遺言書に関心のある相続人や受遺者だけが出席することが多いようです。

　遺言書の保管者は、呼出期日に家庭裁判所へ遺言書原本を提出します。家庭裁判所は遺言書の写しを保管し、原本は検認をした旨の証明文を付けて保管者に返します。

検認は、遺言の有効性を判断するものではありません。

　遺言書の検認は、遺言書の偽造・変造を防止し、保存を確実にするための手続であって、遺言書の有効性を判断するための手続ではありません。従って、遺言の方式やルールを守らない無効な遺言が、検認を受けたことによって有効となるわけではありません。

遺言の検認手続きは、司法書士がサポートできますので、ご自身で難しいと思ったらぜひ、司法書士に相談してみてください。

公正証書遺言の長所・短所

　＜長所＞
　公正証書の遺言は、法律専門家である公証人が関与するので、形式不備や内容不備で無効になる恐れがありません。
　また、遺言書の原本が公証役場に保管されるので、遺言書が破棄されたり、隠されてしまったり、変造される心配がなく、紛失してしまうこともありません。家庭裁判所の検認を受ける必要がありません。
　＜短所＞
　公正証書の遺言書を作成する際には、証人２人の立ち会いが必要です。そのため、証人２人を手当てしなければならないのが難点です。
　また、公証人の手数料がかかります。手数料の計算方法は少し複雑ですので、事前に公証役場に問い合わせておいた方がいいでしょう。

公正証書遺言		
長　所		短　所
○　法律専門家である公証人が関与するので、形式不備や内容不備で無効になる恐れがない ○　原本が公証人役場に保管されるので、変造・隠匿・紛失・破棄の心配がない ○　検認の手続が必要ない		○　費用がかかる ○　証人２人が必要

自筆証書遺言と公正証書遺言には、それぞれ長所と短所がありますが、公正証書遺言には、自筆証書遺言とは比較にならないほどの確実性と安心感があります。
複雑な内容の遺言書を作成するときなどは、公正証書にしておくほうが望ましいと言えます。
司法書士は、公正証書遺言の作成のサポートもすることができますので、お気軽にご相談ください。

遺言書が無効になるケース

　せっかく書いた遺言が、無効となっては困ります。どのような場合に遺言が無効になるのでしょうか？

（1）15歳に達しない者の遺言

（2）遺言能力に欠ける人の遺言

　民法は、遺言者は、遺言をする時において、その能力を有しなければならないと規定しています。
　例えば、遺言書に記載した意味や内容を理解できない人のした遺言や、正常な判断ができないときにした遺言は無効ということになります。

（3）他人に無理やり書かされた遺言

　遺言はその人の自発的な意思で作られるものです。
　他人に強制的に無理やり書かされた遺言は、真意によるものとは認められないので無効です。

（4）遺言の方式やルールに従わない遺言

　遺言にはいくつかの方式があり、それぞれルールが決められています。例えば、同一の証書で2人以上の者が連名で作成した遺言は無効です。そのほか、自筆証書遺言であればステップ3（12頁）の4つのルールを守らなければ無効です。公正証書遺言でも、証人になることができない者が証人として立ち会って作成された場合は無効です。
　どんな遺言でも、決められた方式やルールに違反したものは無効になります。

(5) 公の秩序又は善良の風俗に反する遺言

　法律で、公の秩序又は善良の風俗に反する事項を目的とする法律行為は無効とされています。これは遺言にも当てはまり、公の秩序又は善良の風俗に反する事項を目的とする遺言は無効となります。例えば、不倫の関係維持を条件に財産を遺贈する遺言や殺人の報酬として財産を遺贈する遺言などが該当します。

　上記のほかにも、遺言者の意思が読み取れない遺言や表現が曖昧で財産が特定できないような遺言なども無効（又は一部無効）な遺言といえます。

新・遺言制度コラム 1　法務局による遺言書保管制度

　今回の民法改正とあわせて新たな遺言書の制度が創設されました。

　遺言書保管法と呼ばれる法律で、令和2年7月10日に施行されます。この制度は、法務省令で定められた所定の様式で自筆の遺言書を作成し、一定の手数料を納めて法務局に遺言書の保管の申請をするというものです。

　遺言書が法務局に保管されるので、紛失の恐れはなくなります。

　遺言者が亡くなった後は、相続人が法務局に一定の手数料を納めて遺言書の保管の有無の確認の申請をすることになりますが、自筆証書遺言で必要な家庭裁判所での検認は不要とされています。

　自分で遺言書を書いたがその保管に不安がある人や、相続人に遺言書の検認の手間を負わせたくない人にとっては、公正証書の作成よりも手数料が安くできる点でメリットがあるといえます。自筆証書遺言と公正証書遺言の中間的な位置づけとしてニーズがでてきそうな制度です。

　ただし、遺言者の死後、自動的に法務局から相続人に遺言書があることが通知されるわけではないので、遺言者は、生前に相続人に法務局に遺言書が保管されていることを知らせておく必要があると考えられ、生前に遺言書の存在を知らせたくない人には向かないかもしれません。

遺言書作成ガイダンス

ここでは、遺言書を書くときの注意点や
用語の意味について解説します。

自筆証書遺言を書く前に、必ずお読み下さい！

遺言書を書くときの注意点　I

＜　準　備　＞

財産リスト

　「全ての財産は、私の妻である○○○○に相続させる」
という遺言書なら簡単に書けそうですね。でも、財産を譲りたい
人の顔が何人も思い浮かび、託したい財産も色々ある場合には、
どのように書き始めたらよいか戸惑ってしまうかも知れません。
　まずは、自分の財産を「財産リスト」に書き出してみましょう。

　※　　「財産リスト」は、付録の袋の中にあります。

財産リスト

不動産	不動産の所在地を記載しましょう
	例）横浜市○○区○○町○－○－○　の建物とその敷地
忘れていませんか？	私道、ゴミ置場、ポンプ室、集会室等の共有持分、自宅以外の土地・建物、畑、山林、アパート、投資用マンション等

預貯金	預貯金を記載しましょう
	例）○○銀行　○○支店　普通預金　口座番号　○○○○
忘れていませんか？	定期預金、積立型定期預金、定額貯金等

その他財産	その他財産を記載しましょう
	例）○○証券　○○株式会社　○○株
忘れていませんか？	国債、社債、投資信託、非上場会社の株式、出資金、宝飾品、骨董品、自動車、会員権、貸付金等

借入金・保証債務	借入金・保証債務を記載しましょう
	例）債権者の住所・氏名　債務額　契約書の保管場所
忘れていませんか？	経営する会社からの借入金、会社の債務の連帯保証契約等

※　もしも、ご家族に内緒の借金があったり、誰かの保証人になったりしているときは、それも書き遺して相続人に伝えましょう。
　相続人に知らせないでいると、後になって相続人が思わぬ負担を強いられることになるかも知れません。

遺言書を書くときの注意点　Ⅱ

＜　基　本　＞

自筆証書遺言を書くには、まず筆記用具と書き方から。

遺言書の用紙は破れにくいものを使う

遺言書の用紙は、破れにくい用紙を選びましょう。便箋やレポート用紙などが良いと思います。

筆記用具は、消えやすいものは避ける

ボールペンや万年筆など、文字が簡単には消えないもので書きましょう。こすると消えるボールペンの使用も避けましょう。

普段の筆跡で丁寧に書く

筆跡がご本人のものと違うなどと言われないように、普段と変わらない筆跡で書きましょう。

正確な字で書く

漢字が思い出せなくて、つい誤字（嘘字）を書いてしまうことはありませんか？　その誤字（嘘字）により、遺言の内容が、本人が望んだことと別の意味に解釈されてしまっては大変です。文字は正確に書きましょう。

遺言書を書くときの注意点　Ⅲ

＜　用　語　＞

　ここでは、遺言書を書く際に使用する用語について解説します。

相続人には原則として「相続させる」と書く

　法定相続人（配偶者や子など、法律で相続権があると認められている人をいいます。）に財産を継がせたいときは、「〜に相続させる。」と書きましょう。

　「託す」、「任せる」、「あげる」、「譲る」、「与える」、などの用語を使用すると、「相続させる」とは別の意味に解釈されてしまい、遺言者の意図に反する結果になりかねません。相続人に対しては、「相続させる」と書きましょう。

相続人以外には「遺贈する」と書く

　法定相続人以外の人に財産を譲りたい場合は、「〜に遺贈する。」と書くのが基本で正確です。

　「譲る」、「あげる」、「与える」と書いても「遺贈」と解釈されますが、相続人以外に財産を譲りたい場合は、「遺贈する」と基本どおりに書きましょう。

遺言書を書くときの注意点　Ⅳ

＜　特　定　＞

　相手や物の特定が不十分だと、遺言の効力が生じません。

相手は、続柄、住所、生年月日などで特定

　世の中には同姓同名の人が沢山います。そこで遺言で相手を特定するには名前だけでなく、住所と生年月日、あるいは住所と職業とか、他人が見ても確実にその相手を特定できるように書くことが必要です。

　親族の場合は、名前と続柄（私の妻とか、私の長男とか）を書けば特定できます。

不動産は、登記上の所在・地番・家屋番号で特定

　遺言の目的物が不動産の場合は、法務局で最新の不動産の登記事項証明書（登記簿謄本）を取得し、そこに記載されている土地の所在と地番（建物であれば所在と家屋番号）を正確に書きます。

　建物は登記されていないものもあります。その場合はどの土地の上にある建物か明らかにするため、土地の所在と地番を正確に書いてその上にある建物であることを明記します。

不動産以外の財産の特定

　不動産以外にも、預貯金、有価証券、動産、自動車、金銭債権など様々な種類の財産があります。遺言書にこれらの財産を記載するときは、40頁以下の「財産の特定の仕方」を参照しながら、正確に記載しましょう。

遺言書を書くときの注意点　Ⅴ

＜　　補充遺言　　＞

　遺言者の死亡以前に受遺者が死亡していたときは、遺贈はその効力を生じません（民法９９４条）。

　つまり、遺言者よりも先に受遺者が先に他界している場合には、遺言書の中の受遺者が受けるべき遺贈の部分は効力を生じないということになります。

　もっとも、遺言者が別段の意思表示を行っている場合は別です。

　例えば、遺言で指定していた取得者に子があるケースで、「取得者が死亡している場合にはその子に遺贈する」旨の意思表示を遺言書の中で行っている場合には（こうした遺言を「補充遺言」、「予備的遺言」といいます）、その意思に従うことになります。

遺言書を書くときの注意点　Ⅵ

＜　遺言執行者　＞

遺言執行者の仕事

　遺言執行者は、遺言書に書かれた内容を実現するための機関で、相続財産の目録を作ったり、名義書換手続や預金の払戻しや財産の引渡しなどを行ったりします。

　遺言執行者は、遺言の内容を実現するために必要な一切の権利義務を有します。したがって、遺言執行者が指定されると、遺言の範囲内における財産の管理・処分は遺言執行者のみが行うこととなり、相続人は、相続財産を勝手に処分したりすることができなくなります。

遺言執行者を指定するメリット

　遺言執行者の指定がない遺言を執行するためには、相続人全員の協力が必要となる場合があります。しかし、相続人の中に非協力的な人がいたり、相続人の数が非常に多かったりすると、遺言の実現が困難になったり、多大な労力や時間を要したりすることがあります。

　遺言執行者を指定するメリットは、遺言執行者が相続財産の管理処分を単独で行うことができることです。相続人の協力を必要としないので、遺言の実現がスムーズにできます。

遺言執行者を指定するには

　遺言執行者は遺言のなかで指定することができます。

　遺言で執行者を定めなかったとき、又は遺言で指定された人が執行者に就任することを拒否したときや、病気などで遺言の執行ができなくなったような場合には、家庭裁判所に申し立てることにより、遺言執行者を選任してもらうことができます。

どういう人を遺言執行者に選ぶか

　未成年者・破産者は遺言執行者になれませんが、他には特に制限はなく、相続人でも、受遺者でも、全く別の第三者でも遺言執行者に指定することができます。

　ただし、財産目録をつくったり、遺産の名義書換手続をしたりする必要があるので、事務能力のある人がふさわしいでしょう。

　また、指定する場合は、指定する人の承諾を得ておきましょう。

財産が多かったり相続人が多くて遺言執行手続が大変になると見込まれる場合は、相続手続きの専門家である司法書士にご依頼いただくこともできます。

遺言書を書くときの注意点　Ⅶ

＜　付　言　＞

「理由」や「想い」、「願い」を書く付言の勧め

　遺言書に記した「特別の想い」や「願いごと」のことを「付言」（ふげん）と言います。付言には法的な効果や拘束力はありません。
　しかし、相続人に対する感謝の気持ちや心情、メッセージなどを書くことにより、相続人どうしの感情の対立を防いだり、遺言内容に対する不満を和らげたりするなどの効果が期待できます。

　例えば、特定の子だけに財産を継がせる遺言を書くときは、自分がなぜそのような財産分けをするのかという理由を書くことで、遺産を受けられなかった他の子たちの不満を和らげ、遺産争いを回避できるかもしれません。

　葬儀の方法についての希望や、臓器提供したいとか、遺骨の一部を散骨して欲しいなどという付言の例もあります。これらの付言には法的な強制力はありませんが、遺族が納得できるように、その理由をしっかりと書いておくと、あなたの最後の願いを遺族が実現してくれるかもしれません。

【付言の例文1】長男に相続させる理由を説明

この遺言で、私の唯一の財産とも言える不動産を長男の太郎に相続させることとしたのは、私が闘病中、太郎は毎月医療費の仕送りを欠かさず、また多忙にもかかわらず最後まで献身的に私の面倒を見てくれたからです。太郎には金銭的な都合で大学へ行かせてやることができなかったことも気がかりでした。

【付言の例文2】妻の老後の面倒を子供に託す父の最後の願い

妻花子の今後の生活に不安がないように、私の全財産を妻に相続させることとしました。子供たち3人は、私の思いを理解し、この遺言に不満を持つことなく、仲良くお母さんの老後の面倒をしっかり見てほしい。それが父の最後の願いです。とてもよい家族に恵まれて幸せな人生でした。ありがとう。

【付言の例文3】葬儀の方法についての希望

生前から家族に伝えていたとおり、私の通夜、告別式は行わず、身内と親類縁者だけの密葬としてほしい。

【付言の例文4】長男へ遺産配分が少ない理由を説明

長男の太郎には、これまでかなりの事業資金を提供しました。この点を考慮して、遺産の配分を決めたことですから、太郎はこれを十分理解してください。

遺言書を書いた後の注意点

＜　何通も書いた遺言書の効力　＞

　遺言書は、いつでも破棄し、またいつでも書き直せます。そのために注意していただきたいことがあります。

前に書いた遺言書と後に書いた遺言書

内容が矛盾するときは、前に書いた遺言は無効となる

　「自宅を長男に相続させる」と書いてある古い遺言書と、「自宅を二男に相続させる」と書いてある新しい遺言書があったとします。

　このように、内容に矛盾がある遺言書が複数あるときは、その矛盾する部分については、後の遺言により前の遺言を撤回したものとみなされます。従って、「自宅を二男に相続させる」と書いた後の遺言により、「自宅を長男に相続させる」と書いた前の遺言は撤回されたとみなされます。「三男に相続させる」というさらに新しい遺言書があると、「二男に相続させる」という遺言内容も撤回されたとみなされます。

遺言者が遺言内容に反する行為をしたときは、

遺言を撤回したものとみなされます

　遺言書を書いた後に、遺言者が遺言内容に相反するような行為をしたときも、その部分については遺言を撤回したものとみなされます。例えば遺言者が「○○○の別荘は長男に相続させる」という内容を含む遺言書を書いたのち、遺言者が生前にその別荘を他人に売ってしまったときは、別荘を長男に相続させるとした遺言部分は遺言者により撤回されたものとみなされます。

遺言書を新たに書き直すときは、

前の遺言書を破棄しましょう

　新しく遺言書を書き直すときは、前に書いた遺言書は封筒ごと破棄しましょう。遺言書が何通もあると、相続人が混乱するからです。もしも前に書いた遺言書が見つからないときは、後から書く遺言書に、「以前書いた遺言は全て撤回する」と書いて、全部書き直すことをお勧めします。

前に書いた遺言書と後に書いた遺言書

内容が矛盾しなければ、どちらの遺言も有効

　例えば前の遺言書に「A銀行の預金は長男に相続させる」と書いて、後の遺言書は「B銀行の預金は長女に相続させる」と書いたとしましょう。
　どちらも預金を相続させる内容の遺言ですが、その内容に矛盾するところはありません。このような場合は、前の遺言書も後の遺言書も作成の前後は関係なく、どちらも有効です。

遺言書は複数に分けて作成するよりも、

1通の遺言書にまとめて書きましょう

　遺言書が何通もあると混乱が生じやすくなります。紛争予防の観点からは、遺言書を複数に分けて作成するよりも、1通の遺言書にまとめて書くことが好ましいといえます。「A銀行の預金は長男に相続させる」と書いた前の遺言書は破棄して、「A銀行の預金は長男に相続させ、B銀行の預金は長女に相続させる」という内容の遺言書に書き直しましょう。

財産の特定の仕方

　財産の書き方の基本は、誰が見ても
その財産を特定できるように、具体的
かつ正確に書くことです。

　　財産の書き方を種類別に掲げますので、
　　遺言書を書くときの参考にして下さい。

＜不動産＞

「全ての不動産」
「全ての土地」
「○○市○○町 10 番 1 の土地」
「全ての建物」
「○○市○○町 10 番地 1
　　　　　家屋番号 10 番 1 の建物」
「○○市○○町 10 番 1 の土地上にある未登記建物」

※　土地は登記記録の所在と地番、建物は登記記録の所在地と家屋
　番号で特定するのが一番確実です。この登記上の地番や所在は、
　住所の表示とは異なります。

※　地番や家屋番号は、法務局で取得できる不動産の「登記事項証
　明書」に記載されています。

※　土地の地積や地目、建物の種類・構造・床面積を遺言書に書く
　場合は、「登記事項証明書」に基づき、正確に書きましょう。

※　私道部分の土地を書き漏らしてしまうことがあるので注意しま
　しょう。私道は、固定資産税が課税されないことが多く、また近
　隣の人たちと共有していることも多いので、所有しているという
　実感が薄く、つい忘れられがちです。私道を書き漏らしてしまう
　と、せっかく遺言があっても、結局は私道の相続人を決めるため
　の遺産分割協議を相続人全員でしなければならなくなります。
　　敷地に接している道路がある場合は、その道路が誰の所有なの
　かをよく確かめておきましょう。

※　不動産を共有で持っている場合は、共有持分の記載方法に注意
　しましょう。「共有持分の全部」と書くべきところを「何分の何」
　という表現をしてしまうと、共有持分の更に一定割合だけと誤解
　されてしまうことがあるからです。「共有持分の全部」と書くか
　又は持分については何も書かない方が誤解されずに済みます。

＜現金・預貯金＞

「現金」
「○○銀行△△支店　普通預金」
「○○銀行△△支店　普通預金　口座番号○○○○」
「ゆうちょ銀行　通常貯金、定期貯金」
「ゆうちょ銀行　通常貯金　記号○○○○番号○○○○」

※　銀行預金の場合は、銀行名・支店名・預金の種類・口座番号で特定し、郵便貯金の場合は、貯金の種類・記号番号で特定します。
　　一つの金融機関に複数の口座があって、これを複数の相続人に分けて相続させたいときは、通帳などをよく確認し、口座番号や記号番号まで正確に書きましょう。

※　預貯金の残高は相続開始までに変動するので、残高の一部を譲る場合は別として、書かないほうがよいでしょう。

＜有価証券＞

（株式）　　　　　「○○薬品工業株式会社の株式　全部」
　　　　　　　　　「○○薬品工業株式会社の株式　1000株」
（投資信託）　　　「投資信託　○○・ファンド　全部」
　　　　　　　　　「投資信託　○○・ファンド　１万口」

※　有価証券は取引していた証券会社名・支店名なども付記しておくとよいでしょう。また、特定の銘柄全てを相続させたいようなときは、株数、口数は相続開始までに変動する事があるので、記載は省略した方がよいでしょう。

＜債権＞

「○年○月○日に山田太郎に貸した貸付金　金100万円」
「○年○月○日の○○商会に対する売掛金」
「私の個人事業における売掛金債権の全部」

　※　貸付金や売掛金は、発生した日付や対象商品、相手方の氏名・名
　　称などで特定します。

＜自動車＞

「○○自動車　マキシム　横浜３３３め５○３○、車台番号 AH３
　４－３○４１１３」

　※　相続後に陸運局で名義書換をする必要がありますから、メーカー
　　名や車種だけでなくナンバープレートの番号（車両番号）や、車検
　　証に記載された車台番号を正確に書きましょう。遺言書を書いた後
　　に自動車を買い換える可能性があるときや、１台しか所有しないと
　　きは、単に「乗用車」と書くだけでもよいでしょう。

＜貴金属＞

「指輪（ダイヤモンド）　○個、ネックレス（真珠）　○個」
「貴金属全部」

　※　複数の同じ種類の貴金属を別々の人に譲りたい場合は、それぞれ
　　特定できるように更に詳しく書いておく必要があります。

＜動産＞

「動産全部」
「自宅内にある家財道具　一式」
「別荘にある富士山の絵画　１点」

　※　動産を置いてある場所が何箇所かあるときは、その場所を上記の
　　ように記載しておきましょう。

＜その他＞

（出資金）　　　「○○農協に対する出資金」
「その他一切の財産」

　※　遺言書に記載がない財産があると、その財産の帰属を相続人全員の遺産分割協議で決めなければなりません。そうなると、遺言書を書いた意味が半減することもあります。「その他一切の財産」についても、相続させる人を決めて、遺言書にきちんと書いておきましょう。

＜債務＞

「○○銀行△△支店からの借入金」
「○○商店の買掛金」
「未払い租税公課」

　※　債務は相続人全員が法定相続分の割合に応じて負担します。遺産をもらってももらわなくても、債権者から法定相続分の割合に応じた支払いの請求がくれば、これに応じなければなりません。
　なお、法定相続分については、56 頁から 62 頁の説明をご覧下さい。

　しかし、遺言で債務の承継者を指定しておくことは可能です。これが相続人にとって有益な場合があります。遺言で債務の承継者を指定し、債権者がその指定に同意すれば、他の相続人は支払いを免れることができるからです。

＜死亡保険金＞

　※　被相続人が加入していた生命保険の死亡保険金は、その保険契約で「受取人」として指定された者が受け取ることができます。
　死亡保険金は相続財産ではありませんので、たとえ相続人であっても、受取人の指定を受けていない者は保険金を受け取る権利がありません。なお、死亡保険金は、生命保険会社との契約によるものなので、遺言に記載する必要はありません。

自筆証書遺言の方式緩和

～自書によらない財産目録の作成が可能に～

　民法（相続法）の改正により、２０１９年１月１３日から自筆証書遺言の方式が緩和されました。これまで、自筆証書によって遺言をするには、全文、日付及び氏名を自書しなければなりませんでしたが、遺産や遺贈の対象となる財産目録を添付する場合、当該財産目録については自書である必要がなくなりました。

自書によらない財産目録を添付する場合の注意点

①財産目録の作成

　財産目録は、誰が作成したものでも構いません。パソコンを用いて作成したものでも可能です。また、不動産の登記事項証明書（謄本）や預貯金通帳の写し等を添付することも可能です。

　なお、本文と財産目録は、合綴する必要はありませんが、遺言書全体の一体性を確保するため、同一の封筒に入れて封緘することが望ましいでしょう。

②各頁への署名・押印

　財産目録の各頁（財産目録の記載が両面にある場合は、両面）に、遺言者が署名及び印鑑を押さなければなりません。財産目録の片面にだけ記載がある場合は、表面、裏面のどちらかに署名及び印鑑を押印すれば足ります。

　なお、遺言者の印鑑であれば、本文で使用した印鑑と同一である必要はありませんが、できるだけ同じ印鑑で押印することが望ましいでしょう。

③訂正する場合

　訂正方法は、自書によらない財産目録についても本文と同様です。ただし、パソコンを用いて財産目録を作成する場合は、データを訂正後、再度印刷するのが容易ですので、改めて作成し直す方がよいでしょう。

④「添付する」の意味

　「添付する」の意味は、文字どおり、書類などに他のものを付け加えるという意味ですから、自筆証書に添付する自書によらない財産目録についても、本文の記載がされた用紙とは別の用紙に財産目録を作成する必要があります。したがって、遺言書の本文が記載された自筆証書と同一の用紙の一部に財産目録を印刷して遺言書を作成することは認められません。

＜見本＞遺言書の本文はかならず自署します。

遺言書

1．別紙（1）財産目録記載の不動産は、

　　長男〇〇△△に相続させる。

以上、遺言する。

令和2年4月1日

　　　〇〇市〇〇町〇〇番地〇〇

　　　　遺言者　山田　太郎　㊞

＜見本＞財産目録はパソコンなど自書によらない方法でも可。
　　　　ただし、署名押印が必要です。

別紙（1）

財産目録

1　不動産
　　（1）土地
　　　所　　　在　　〇〇市〇〇区〇〇町〇丁目
　　　地　　　番　　〇〇番〇〇
　　　地　　　目　　宅地
　　　地　　　積　　〇〇．〇〇㎡
　　（2）建物
　　　所　　　在　　〇〇市〇〇区〇〇町〇丁目〇〇番地〇〇
　　　家 屋 番 号　　〇〇番〇〇
　　　種　　　類　　居宅
　　　構　　　造　　〇〇造〇〇葺2階建
　　　床 面 積　　1階　　〇〇．〇〇㎡
　　　　　　　　　　2階　　〇〇．〇〇㎡

　　　　　　　　　　　　　山田　太郎　㊞

46

新・遺言制度コラム2　おしどり贈与と持ち戻し

　遺言書とも関係する、知っておいた方が良い制度が出来ましたのでご紹介します。

　「おしどり」という鳥は、夫婦仲が良い象徴とされる鳥ですが、人間の夫婦でも20年間以上結婚生活を続けた場合、居住用の不動産を相手方に生前贈与しても、2,000万円（暦年贈与の非課税枠を加算すると2,110万円）までは贈与税を課さない特例があり、おしどり贈与とよばれています。

　今回の民法の改正前までは、贈与税の特例ではあるけど、贈与した当事者が亡くなった場合、これはやっぱり遺産の前渡しに当たるから、いわゆる「特別受益」として、例えば家庭裁判所での遺産分割調停などでは、贈与された財産をいったん相続財産に戻し（持ち戻し）て、遺産総額を算定しなければなりませんでした。

　今回の民法改正によって、施行日である2019年7月1日以降になされた「おしどり贈与」については、贈与した人の意思として、持ち戻す必要はないことを前提にして贈与したものと推定されることになりました。

　しかし、もうすでに「おしどり贈与」を済ませてしまった場合はどうなるのか。実はこの場合も、遺言書等で「年月日妻へ贈与した後記不動産については、持ち戻しの対象としない。」（持ち戻し免除の意思表示）と記載しておけば、持ち戻す必要はありませんので、せっかく長年連れ添った配偶者へ贈与した居住用不動産が、自分の死後に遺産に持ち戻されてしまわないように、持ち戻しなくてよいということを「書面」で明示しておくのがよいでしょう。

遺言の法律豆知識

　自分が死亡すると、相続人はだれに
なるのか、遺言書がある場合に必要な
手続は何か、税金はいくら払う必要が
あるのかなど、遺言に関する豆知識の
コーナーです。

　　間違いのない遺言を書くうえで、是非お読み下さい。

相続関係に使われる用語

　相続関係や親族関係をあらわす言葉には、聞き慣れない用語や普段使っていても曖昧に覚えている用語があります。

遺贈 （いぞう）

　遺言で、財産を譲ることを「遺贈」といいます。

　遺産を全部とか何分の１とか割合を指定してする遺贈を「包括遺贈」といいます。この場合、受遺者は相続人と同じ立場になります。特定の遺産を遺贈するのを「特定遺贈」といいます。この場合、遺贈を実現するには、相続人全員の協力、あるいは遺言執行者が必要です。

遺留分 （いりゅうぶん）

　相続人のために留保されなければならない遺産の一定割合を「遺留分」といいます。

遺留分侵害額請求権 （いりゅうぶんしんがいがくせいきゅうけん）

　本来、誰でも自分の財産を自由に処分できますが、本人が生前にした贈与等の処分や遺言の内容が、特定の相続人の遺留分を侵害している場合には、その相続人は、遺留分を侵害している相手に対して侵害額を金銭で請求することができます。この請求権のことを「遺留分侵害額請求権」といいます。

　遺留分侵害額請求権は、相続の開始及び遺留分が侵害されたことを知ったときから１年以内に行使しなければ、時効で消滅します。また、遺留分が侵害されていることを知らなくても、相続の開始時から 10 年を経過すると消滅します。

寄与分 （きよぶん）

　被相続人の相続財産の維持又は増加に寄与した相続人がある場合、相続人の協議で、その相続人の寄与した額あるいはその割合を定めることができます。この寄与の額あるいはその割合を「寄与分」と言います。

　寄与した相続人の相続分は、法定の相続分に、寄与分を付加した額が、そ

の相続人の相続分となりますから、他の相続人の相続分は、寄与分を認めた分だけ減ることになります。

欠格事由 （けっかくじゆう）

　民法は、ある不正をした者は相続人となることができないと定めています。その不正な行為を「欠格事由」といい、欠格事由に該当することをした者を「相続欠格者」といいます。例えば、被相続人の遺言書を偽造・変造・破棄・隠匿（隠すこと）したり、詐欺や強迫によって遺言をすることを妨げたり、逆に、詐欺や強迫によって遺言を書かせたりすることなどが欠格事由に該当します。

受遺者 （じゅいしゃ）

　遺言で遺贈（いぞう）を受ける人を「受遺者」といいます。
受遺者は、遺言者の死亡後、いつでも遺贈を放棄することができます。遺贈を承認又は放棄した場合は、撤回することができません。包括遺贈を受ける人を、包括受遺者と言います。包括受遺者は、相続人と同一の権利義務を有するとされ、包括遺贈を放棄する場合は、相続放棄の手続によります。

親族 （しんぞく）

　親族は、６親等内の血族、配偶者、３親等内の姻族を指します。ひ孫や曽祖父母、おじおば、甥姪（おいめい）までが３親等ですから、６親等というと相当遠い血縁までも含まれます。姻族とは、配偶者の血族のことです。姻族では親族の範囲は３親等までですから血族よりも分かり易いですね。

親等 （しんとう）

　本人と親族との関係の距離を数値で表わした単位です。本人とその配偶者には親等を付けません。本人や配偶者の親や子は１親等。孫、祖父母と兄弟姉妹は２親等。曽祖父母、おじおば、甥姪は３親等です。直系尊属の相続権については「親等の異なる者の間では、近い者を先にする。」とされ、親と祖父母の両方が健在の場合、１親等である親に相続権があり、２親等の祖父母には相続権はありません。

相続 (そうぞく)

　広い意味では、承継することを相続するということもありますが、法律的には、ある人の死によって残されたその人の財産や権利義務を、法律に定める一定の親族関係にある人が包括的に承継することを「相続」と言います。

相続財産 (そうぞくざいさん)

　相続財産は遺産とも言われます。被相続人が死亡時に残した被相続人の財産の全てを指します。現金・預貯金、不動産などの積極財産といわれるプラスの財産だけでなく、負債、保証債務などのマイナスの財産、いわゆる消極財産も相続財産に含まれます。

　具体的相続分や遺留分の算定、相続税の計算などでは、生前に贈与された一定の財産を相続財産に含める場合があります。

相続人 (そうぞくにん)

　ある人の死によって、その人が残した一切の財産や権利義務を包括的に承継する地位にある人を法定相続人あるいは単に相続人と言います。すでに具体的に相続した人も相続人と言います。

　将来相続人になる地位にある人ということに力点を置いて、推定相続人と言うこともあります。死亡したその人は、相続される人と言う意味で「被相続人」と言います。

相続人の廃除 (そうぞくにんのはいじょ)

　相続人の廃除は、遺留分を持つ推定相続人が被相続人に対して虐待や重大な侮辱をし、あるいは著しい非行があった場合に、被相続人がその推定相続人の相続権の喪失を家庭裁判所に請求ができる制度です。被相続人の生前にも、遺言によってもできます。

代襲相続 （だいしゅうそうぞく）

　被相続人の子（実子、養子）が、被相続人の死亡以前に死亡し、又は欠格事由（50頁参照）に該当し、若しくは廃除によって、その相続権を失ったときは、その者の子が代わって相続人になります。これを代襲相続といい、代襲相続する者を代襲相続人といいます。なお、縁組前に生まれた養子の子のように、被相続人の直系卑属でない者は、代襲相続人にはなれません。

　代襲相続人について死亡、欠格事由、廃除といった代襲事由が生じたときは、さらに代襲相続人の子が代わって相続人になります。これを再代襲と呼びますが、被相続人の直系卑属である限り何代でも再代襲します。

　これに対し、兄弟姉妹が相続する場合の代襲は1回だけに限られ、再代襲はできません。兄弟姉妹の子（被相続人の甥《おい》や姪《めい》）は代襲相続人になりますが、甥や姪の子は代襲相続人になれません。

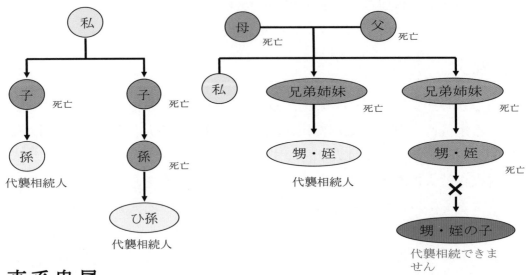

直系卑属 （ちょっけいひぞく）

　自分から見て下の世代の血族を卑属といいます。卑属のうち、血のつながりが下に直線的な関係にある者、例えば子（実子、養子）や孫、ひ孫、玄孫（やしゃご）などを「直系卑属」といいます。なお、甥や姪のように血のつながりが直線的ではない卑属を傍系卑属（ぼうけいひぞく）といいます。

　直系卑属のうち、子（実子、養子）は通常相続人になりますが、その子が死亡していた場合など、子以下の直系卑属が代襲して相続人になることがあります。（上記の「代襲相続」を参照してください。）

直系尊属（ちょっけいそんぞく）

　自分から見て目上の世代の血族を尊属といいます。尊属のうち、血のつながりが上に直線的な関係にある者、例えば親（実親・養親）、祖父母、曽祖父母などを「直系尊属」といいます。なお、叔父、伯母のように血のつながりが直線的ではない尊属を傍系尊属といいます。

　直系尊属は、被相続人に子や代襲者がいない場合に、相続人になります。ただし、直系尊属の間では、親等の近い者が優先的に相続人になります。例えば、被相続人に父母と祖父母がいれば、父母だけが相続人となり、祖父母は相続人になりません。

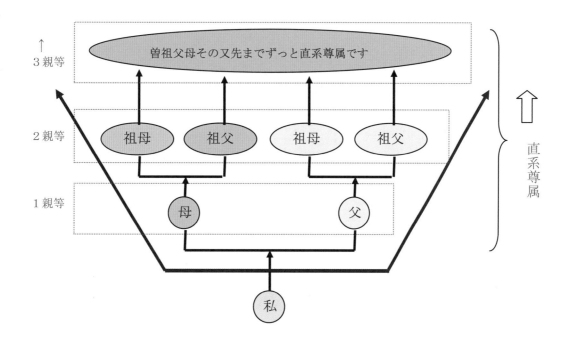

特別寄与者（とくべつきよしゃ）・特別寄与料（とくべつきよりょう）

　相続人でない親族が被相続人の介護や看病に寄与した場合、その親族は、「特別寄与者」として、遺産相続時に各相続人に対して寄与に応じて「特別寄与料」という金銭を請求することができます。

特別受益 （とくべつじゅえき）

　相続人が、被相続人から婚姻、養子縁組、生計の資本として贈与を受けていた場合、その贈与により相続人が受けた利益を「特別受益」といいます。相続人に対する遺贈も特別受益となります。

　特別受益は、被相続人の死亡時の時価に換算して死亡時の遺産に加え、これを相続財産とみなして、各相続人の具体的な相続分を算出することになります。

　ただし遺留分額を計算する場合、特別受益として遺産に加えるのは、相続開始前１０年間になされた贈与に限定されます。

配偶者居住権 （はいぐうしゃきょじゅうけん）

　被相続人の配偶者が相続開始時に居住していた建物を配偶者自身が死亡するまで無償で使用収益できる権利を「配偶者居住権」といいます。残された配偶者の住まいを保護するために「所有権」と切り離して創設された自宅不動産に関する権利です。

被相続人 （ひそうぞくにん）

　ある人の死によって、その人が残した一切の財産や権利義務を包括的に承継する地位にある人を法定相続人あるいは単に相続人と言います。

　死亡したその人は、相続される人と言う意味で「被相続人」といいます。

付録　親等図（しんとうず）

　用語解説「親等」の付録です。血族の 6 親等全ては書ききれません。ご自分の子以外の親等を数えるときは、下記の図の矢印のように、上に行って横に行って下に行くようにして親等を数えます。

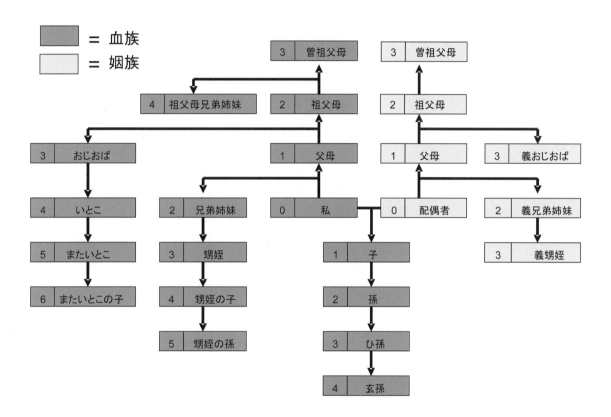

相続人の相続分と遺留分（いりゅうぶん）

　相続人が相続を受ける割合を「相続分」といいます。この相続分は、遺言により自由に指定することができます。これを「指定相続分」といいます。指定相続分がないときは、法律が定める相続分に従うことになります。これを「法定相続分」といいます。

　ところで、法律では、兄弟姉妹を除く相続人のために必ず留保されなければならない遺産の割合を定めています。これを「遺留分」といいます。遺留分の割合は次のとおりです。

　　　直系尊属だけが相続人の場合
　　　　　　　遺留分は被相続人の財産の３分の１

　　　その他のケースでは
　　　　　　　遺留分は被相続人の財産の２分の１

　　兄弟姉妹には遺留分はありません。

　　　　※　具体的な相続分や遺留分は次頁の表で確認して下さい。

Q　全財産を１人の相続人にあげてしまうような、他の相続人の遺留分を侵害する内容の遺言は無効ですか？

A　　遺留分の規定に反した遺言により、遺贈などの遺産処分がなされても、その処分は無効ではありません。遺留分を侵害された相続人は、自分の遺留分を金銭で取り戻す請求（遺留分侵害額請求）を受遺者又は受贈者にすることができます。なお、遺留分侵害額請求をするかしないかは各遺留分権利者の自由です。

法定相続分と遺留分の早見表

相 続 類 型	① 配偶者と子供 が相続人の場合		② 配偶者と直系尊属 が相続人の場合		③ 配偶者と兄弟姉妹 が相続人の場合	
相 続 人	配偶者	子	配偶者	直系尊属	配偶者	兄弟姉妹
法定相続分	1/2	1/2	2/3	1/3	3/4	1/4
遺 留 分	1/4	1/4	1/3	1/6	1/2	なし

相 続 類 型	④ 配偶者だけが 相続人の場合	⑤ 子供だけが 相続人の場合	⑥ 直系尊属だけが 相続人の場合	⑦ 兄弟姉妹だけが 相続人の場合
相 続 人	配偶者	子	直系尊属	兄弟姉妹
法定相続分	全部	全部	全部	全部
遺 留 分	1/2	1/2	1/3	なし

※　子や直系尊属、あるいは兄弟姉妹が複数人いる場合の各自の法定相続分や遺留分（兄弟姉妹には遺留分はありません。）は、該当する遺留分をそれぞれの相続人の人数で割った割合になります。例外もありますから61頁の⑩を参照して下さい。

各自の具体的遺留分額の計算式

＝（ 相続財産 ＋ 贈与財産 － 債務の全額 ）× 各自の遺留分

※　贈与財産には次のものが含まれます。
①相続開始前１年間にした贈与　②遺留分権利者を害することを知ってした贈与　③相続開始前１０年間にした特別受益（54頁）としての贈与　④不相当な対価でされた売買等の有償行為のうち、遺留分権利者に損害を加えることを知ってしたもの。この場合、不相当な対価と適正な対価との差額が贈与とみなされます。

私から見た相続人と法定相続分

　遺言書を書くとき、自分の相続人となる人とその法定相続分を確認しておきましょう。相続関係の図を①から⑫まで用意しましたので、該当するものを探してください。相続関係図の　配　は、配偶者を略した印です。配偶者は法律上の婚姻関係にある相手方のことです。

①配偶者と子がいる場合　　　　配偶者 1/2　　　子 1/2

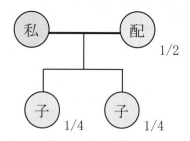

　　　　　　　　　　　　　　　　　　　子同士の間の相続分は均等です。

②配偶者がなく子だけがいる場合　　　子　全部

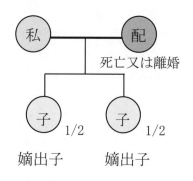

　　　　　　　　　　　　　　　　　　　子同士の間の相続分は均等です。

③子がなく配偶者と親がいる場合　　　配偶者 2/3　　　親 1/3

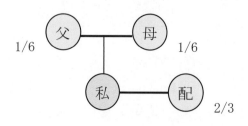

　　　　　　　　　　　　　　　　　　　親同士の間の相続分は均等です。父又は母の一方が死亡していれば、残った一方の親の相続分は 1/3 です。

④配偶者と子がなく親がいる場合　　親　全部

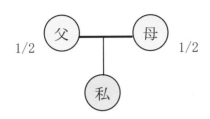

親同士の間の相続分は均等です。
　父又は母の一方が死亡していれば、残った一方の親の相続分は全部です。

⑤子と親がなく配偶者と祖父母がいる場合　　配偶者2/3　祖父母1/3

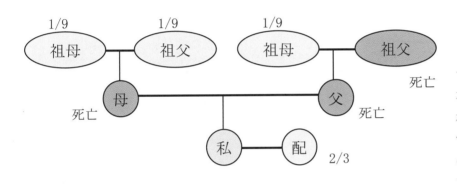

両親が死亡しているので、生存する祖父母が相続人になります。祖父母の間の相続分は均等です。

⑥子と直系尊属がなく配偶者と兄弟姉妹がいる場合　　配偶者3/4
　　　　　　　　　　　　　　　　　　　　　　　　　　　兄弟姉妹 1/4

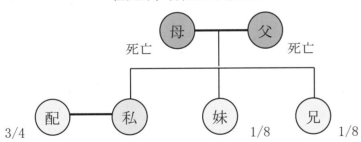

父母の双方を同じくする兄弟姉妹の間の相続分は均等です。（父母の一方のみを同じくする兄弟姉妹もいる場合は61頁⑩をご覧下さい。）

⑦子・配偶者・直系尊属がなく兄弟姉妹がいる場合　兄弟姉妹　全部

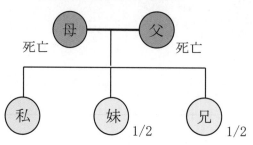

祖父母、曽祖父母も死亡

母　死亡　父　死亡
私　妹 1/2　兄 1/2

父母の双方を同じくする兄弟姉妹の相続分は均等です。（父母の一方のみを同じくする兄弟姉妹もいる場合は 61 頁⑩をご覧下さい。）

⑧配偶者・子が死亡し、直系卑属が相続人の場合　直系卑属　全部

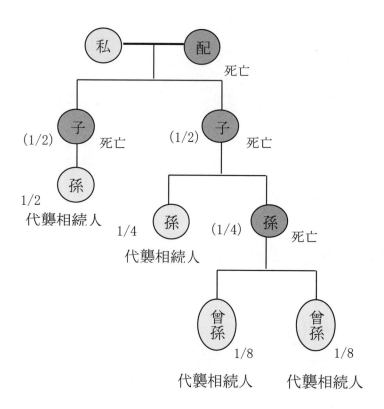

私　配　死亡
(1/2) 子 死亡　(1/2) 子 死亡
孫 1/2 代襲相続人
孫 1/4 代襲相続人　(1/4) 孫 死亡
曾孫 1/8 代襲相続人　曾孫 1/8 代襲相続人

子が死亡等により相続人の地位を失ったときは、その子に子（被相続人の孫）がいれば、その子が代襲して相続人になります。代襲相続するはずの被相続人の孫もまた代襲相続人の地位を失っているときは、さらにその子（被相続人の曾孫）が代襲して相続人になります。このように直系卑属は何代でも代襲相続します。

代襲相続人の相続分は、被代襲者の相続分と同じです。ただし、被代襲者の子が数人いるときは、各自の代襲相続分は均等となります。

⑨相続人が兄弟姉妹の場合の、
死亡している兄弟姉妹の子（甥姪）と孫（甥姪の子）の相続権

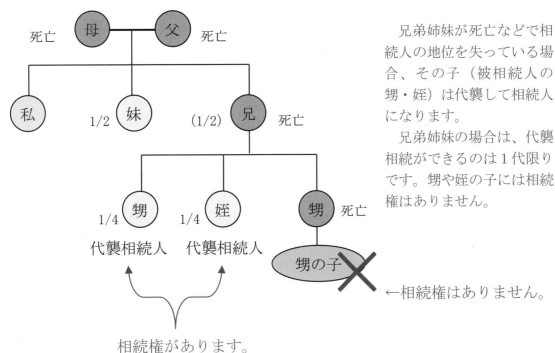

祖父母、曽祖父母も死亡

兄弟姉妹が死亡などで相続人の地位を失っている場合、その子（被相続人の甥・姪）は代襲して相続人になります。

兄弟姉妹の場合は、代襲相続ができるのは１代限りです。甥や姪の子には相続権はありません。

←相続権はありません。

相続権があります。

⑩兄弟姉妹が相続人で、父母の一方が異なる場合の相続分割合

　父母の一方が異なる兄弟姉妹の相続分は、父母の双方が一緒の兄弟姉妹の半分です。

祖父母、曽祖父母も死亡

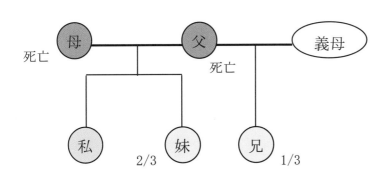

妹は父母が同じで、兄は母が異なります。この場合、妹と兄の相続分の比率は２：１の割合になります。

⑪養子と実子が相続人の場合の相続分割合

養子は、法律上、実子と同じ身分とされ、実子と養子の相続分は均等です。

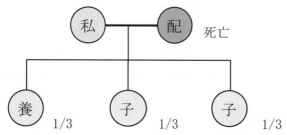

養子も実子も、相続は各自均等です。

⑫法律上の婚姻関係外で生まれた子の相続分割合

　平成25年12月5日、民法の一部を改正する法律が成立し、法律上の婚姻関係にない男女の間に生まれた子の相続分が法律上の婚姻関係にある子の相続分と同等になりました（同月11日公布・施行）。平成25年9月5日以後に開始した相続について適用することとされています。

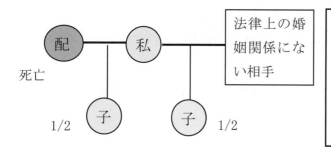

法律上の婚姻関係にない相手

　平成13年7月1日以後に開始した相続についても、既に遺産分割が終了しているなど確定的なものとなった法律関係を除いては、同様に扱われることになります。

相続税について

　遺言に相続税が関係することがあります。そうでなくても、残される相続人に相続税がかかるのかかからないか最低限のポイントは押さえておきましょう。詳しい内容は、税務署あるいは税理士に御問合せ下さい。

税金のかからない範囲　相続税の基礎控除

※平成25年の税制改正で基礎控除が次のとおり変更されます。

死亡日：平成26年12月31日まで	死亡日：平成27年1月1日から
5000万円 　　＋1000万円×法定相続人の数	3000万円 　　＋600万円×法定相続人の数

※上記の法定相続人の数に含める被相続人の養子の数は、一定数に制限されています。

配偶者の軽減控除

　　配偶者に対する相続税額の軽減については変更がありません。

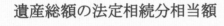

　　　遺産総額の法定相続分相当額

　　　　1億6000万円

いずれか多い額まで
相続税はかかりません

相続人以外の人に遺贈する場合にはご注意

- ○　遺贈で相続人以外の人（受遺者）が財産を取得した場合は、その取得した財産は相続税の対象となります。
- ○　ただし、相続人ではない受遺者は、相続人1人当たりの基礎控除の対象人数に含まれません。
- ○　また、受遺者についての税額は、算出した相続税額に20％相当額が加算されます。
- ○　なお、課税される遺産の総額が基礎控除額以内であれば、相続人だけでなく受遺者に対しても課税されることはありません。

相続税の申告期限

　○相続税の申告書は、相続の開始があったことを知った日の翌日から10か月以内に所轄の税務署に提出しなければなりません。

遺言書文例集

　遺言の知識や作リ方のルールが理解できても、いざ自分で書こうとすると、なかなか文章が思い浮かばないものです。
　ここでは遺言の文例をケースごとにいくつか例示しました。

　遺言書は、縦書きでも横書きでもどちらでも構いません。ここでは、紙面の都合上、横書きにしてあります。

遺言書作成例(1)　全ての財産を配偶者に相続させたい

　子がいないご夫婦の場合は、残った相手方に自分の財産を全て譲りたいと考えることが多いと思います。そのような場合は、次のような遺言を書きましょう。ご夫婦がお互いに遺言書を作って、相手の遺言書を保管し合うのもよいでしょう。

遺言書

　1、全ての財産は、妻の〇〇△△に相続させる。

　　以上遺言する。

　※　表題が遺言書となっているので、「以上遺言する。」
　　　と書かなくても問題ありません。

　　令和〇〇年〇〇月〇〇日

　　　〇〇市〇〇町〇〇番地〇〇

　　遺言者　　〇〇　□□　㊞

遺言書作成例(2) 複数の相続人に財産を分けたい

　誰に何を相続させるのかを、正確かつ具体的に書きましょう。また、下記文例中の４、のように、具体的に記載できなかった財産についても、誰が相続するかを定めておくと、後日の紛争予防に効果があります。

遺言書

1、下記不動産は、長男○○△△に相続させる。

　　　　○○市○○町○○番○の土地
　　　　○○市○○町○○番地○　家屋番号○○番○の建物

2、下記預金は、長女○○△△に相続させる。

第６行中２字
削除２字加入
山田　太郎

　　　　　　　　　　　定期　㊞ ◀
　　　　○○銀行○○支店　~~普通~~ 預金　口座番号○○○○

3、下記株式は、二男○○△△に相続させる。

第８行中２字
加入
山田　太郎

　商事　㊞ ◀
　　　　○○ 株式会社の株式　○○株（○○証券○○支店）

4、上記以外の財産は、全て妻○○△△に相続させる。

※　訂正する場合、余白等に訂正場所及び内容を記載して署名、かつ訂正場所に押印しなければなりません。

　　　令和○○年○○月○○日

　　　　○○市○○町○○番地○○

　　　遺言者　**山田　太郎**　㊞ ◀

　　　　　　　　※同じハンコを押して下さい。

66

遺言書作成例（3）　家業を特定の相続人に継がせたい

　この文例中の１、は家業を長男に継がせたいときの文例です。遺言者が経営する会社の株式や、事業用の不動産、動産、預貯金、債務などを相続させる内容となっています。

遺言書

１、家業を継いでもらうため、下記の財産を長男○○に相続させる。
　　　株式会社○○○の株式全て
　　　○○市○○町○○番○の土地
　　　同所同番地○　家屋番号○○番○の建物（工場）
　　　○○銀行○○支店の預金の全て
　　　○○銀行（○○支店）の借入債務の全て

２、下記財産は、妻△△に相続させる。
　　　○○市○○町○○番○の土地
　　　同所同番地○　家屋番号○○番○の建物（自宅）
　　　○○銀行○○支店の預金の全て

３、上記以外の財産は、長女□□と二男××に均等に相続させる。

４、家業の継続は私の夢だから、長女と二男はこれを理解して欲しい。
　　　長男は、長女や二男が経済的に困ったときに助けてあげて下さい。

　　令和○○年○○月○○日

　　　○○市○○町○○番地○○

　　遺言者　　　○○　□□　㊞

遺言書作成例⑷　相続人以外に財産を譲りたい

　相続人以外の人に財産を譲りたい（遺贈したい）ときは、譲る相手の住所や氏名のほか、生年月日や遺言者との関係などを書いて、譲る相手を確実に特定できるようにしましょう。

遺言書

1、下記の者に、下記財産を遺贈する。

　　　住　　所　　○○市○○町○○番地○○

　　　氏　　名　　○○△△

　　　遺言者との関係　　長男の妻

※　「遺言者との関係」は、譲る相手を確実に特定するために書いておく方がよいでしょう。

　　　財産の表示
　　　○○市○○町○○番○の土地
　　　○○市○○町○○番地○　家屋番号○○番○の建物
　　　○○会社の株式　　○○株　　（○○証券○○支店）

2、上記以外の財産は、妻○○と長男□□に均等に相続させる。

3、遺言執行者として下記の者を指定する。

※　遺贈する場合は、遺言執行者を指定しておくのがよいでしょう。

　　　住　　所　　○○市○○町○○番地○○

　　　氏　　名　　○○△△

　　　遺言者との関係又は職業　　○○○

※　遺言執行者が親族の場合は続柄、親族以外のときは関係、専門家の場合は職業を書いて特定しておきましょう。

　　　令和○○年○○月○○日

　　　　　　○○市○○町○○番地○○

　　　遺言者　　　○○　□□　㊞

遺言書作成例(5)　財産を慈善団体に寄付したい

　慈善団体などに財産を寄付したいときは、寄付する団体の正式名称や住所を正確に書きましょう。また、なかには寄付の受け入れを断る団体もありますから、寄付の受け入れが可能かどうかを、事前にその団体に確認しておきましょう。

遺言書

1、下記の団体に、下記財産を含む全ての財産を遺贈する。

　　　住　　　所　　○○市○○町○○番地○○

　　　名　　　称　　公益財団法人○△△会

　　　財産の表示
　　　○○市○○町○○番○の土地
　　　○○市○○町○○番地○
　　　　　家屋番号○○番○の建物
　　　○○銀行○○支店　普通預金　口座番号○○○○
　　　○○会社の株式　○○株　（○○証券○○支店）

2、遺言執行者として下記の者を指定する。

　　　住　　　所　　○○市○○町○○番地○○

　　　氏　　　名　　○○△△

　　　職　　　業　　○○○

　　　令和○○年○○月○○日

　　　○○市○○町○○番地○○

　　　遺言者　　　○○　□□　㊞

遺言書作成例(6)　全ての財産を内縁の妻又は夫に遺したい

　正式な婚姻届を出していない内縁の夫婦間では、互いに相続権があ
りません。内縁関係の相手に財産を遺してあげたいときは、遺産を遺
贈する内容の遺言書が必要です。遺言書には、遺贈する相手方の住所、
氏名、本籍、生年月日を正確に書きましょう。

遺言書

1、全ての財産を、内縁の妻である下記の者に遺贈する。

　　　本　　籍　　○○県○○市○○町○○番地○○

　　　住　　所　　○○市○○町○○番地○○

　　　氏　　名　　○○△△

　　　生年月日　　昭和○○年○○月○○日

2、遺言執行者として上記○○△△を指定する。

　　　令和○○年○○月○○日

　　　○○市○○町○○番地○○

　　　遺言者　　　○○　□□　㊞

遺言書作成例(7) 配偶者の居住を確保したい

　民法改正により創設された配偶者居住権を定める遺言書です。
配偶者居住権の詳しい内容についてはコラム3（72頁）をご覧ください。
　なお、配偶者居住権は２０２０年４月１日以降に作成された遺言書で認められるものですので、同日より前に作成された遺言書は配偶者居住権については無効となってしまいますのでご注意ください。

遺言書

　遺言者は次のとおり遺言する。

1、遺言者の長男○○△△に下記土地建物を遺贈する。但し、建物については、次条に定める配偶者居住権の負担のついた負担付遺贈とする。
　　不動産の表示
　　○○市○○町○○番○の土地
　　○○市○○町○○番地○
　　　家屋番号○○番○の建物

2、遺言者は、私の妻○○△△に前条に記載した建物に生涯無償で居住する権利（配偶者居住権）を遺贈する。

3、長男○○△△は、本遺言書の効力発生後、前条に定める妻の権利を保全するための登記手続きに協力すること。

4、遺言者は、妻○○△△に、第１条に記載する土地建物を除く現金預貯金その他一切の財産を相続させる。

　以上遺言する。

　令和○○年○○月○○日

　　　　○○市○○町○○番地○○
　　　　遺言者　　○○　□□　㊞

新・遺言制度コラム 3　配偶者居住権

　　配偶者居住権とは、相続開始時に被相続人の所有する建物に居住する配偶者が、相続開始後、死亡するまでその建物を無償で使用できる権利です。民法の改正により新たな制度として制定されました。

　　従来自宅はあるが、他にめぼしい相続財産がないといった場合に、他の相続人に対する代償金を支払うための預貯金がないため、配偶者が自宅を相続することができず、自宅を手放して転居せざるを得ないという状況に追い込まれることがありました。また、配偶者以外の相続人に相続させる旨の遺言や遺贈があった場合に、他の相続人などから立ち退きを求められると、配偶者は立ち退かざるを得ないことになっていました。しかし、高齢者が今まで長年、暮らしてきた自宅を立ち退くということは、精神的にも肉体的にも大変負担が大きく、過酷な状況に追い込まれます。そこでこのような高齢者の居住権を保護しようと、今回の改正により新たな終身無償で住み続けることが出来る権利「配偶者居住権」が創設されました。

　　配偶者居住権は、①配偶者が相続開始時に被相続人所有の建物に居住していたこと、②その建物について配偶者に配偶者居住権を取得させる旨の遺産分割、遺贈又は死因贈与がされた場合に成立します。

　　ここでいう配偶者は、法律上被相続人と婚姻していた配偶者を指し、いわゆる内縁関係の場合は含まれません。

　　また、配偶者居住権の目的である建物は、第三者と被相続人が共有していた場合には、第三者の権利が害されてしまいますので成立させることはできません。

　　配偶者居住権は配偶者の居住権を保護するために特に認められた制度ですので、配偶者はこの権利を第三者に譲渡したり出来ず、また、その配偶者が死亡した場合、当然に消滅するため相続することも出来ません。

　　配偶者居住権が設定されている場合、固定資産税などの必要費は配偶者が負担しますし、通常かかる修繕費用なども配偶者が負担します。

　　配偶者居住権を第三者に対抗するためには登記が必要となります。たとえば、法務局で建物について配偶者居住権の登記をしておけば、仮に自宅が第三者に売却された場合でも新しい所有者に対抗できることが出来ることになります。

　　みなさんもぜひこの便利な配偶者居住権を遺言に取り入れてみてはいかがですか？

良くない遺言の文例集

　自筆の遺言書のなかには、表現があいまいなものや配慮が足りないように思われるものもあります。

　ここにお示しする文例は、そんな例です。

決してまねして書かないで下さい。

① 財産の特定が不十分

遺　言　書

1、家は長男山田一郎に相続させる。

　　　　令和2年4月1日

　　　　　　　遺言者　　山　田　太　郎　㊞

コメント　　財産の特定が不十分です。どこにある家なのか、土地も含むの
　　　　　　か、第三者にはよく分かりません。

② 意味が不明

遺　言　書

1、不動産は長男山田一郎に任せる。

　　　　令和2年4月1日

　　　　　　　遺言者　　山　田　太　郎　㊞

コメント　　「任せる」の意味が不明です。取得させる意味なのか、管理を
　　　　　　任せるだけの意味なのかよく分かりません。

③ 意味があいまい

遺　言　書

1、土地と建物は、妻山田花子の面倒をみることを条件に
　　長男〇〇に相続させる。

　　　　令和2年4月1日

　　　　　　　遺言者　　山　田　太　郎　㊞

コメント　　条件としている「面倒をみること」の意味が曖昧です。どの程
　　　　　　度の面倒をみればよいのか、面倒見が足りなかったら、もらった
　　　　　　財産を戻さなければならないのか、といったことがはっきりせず、
　　　　　　とかく争いのもとになりかねない文言です。

④ 法的な効果に疑問

遺　言　書

1、不動産は長男山田一郎に相続させる。ただし、
　　この不動産を絶対に売ってはならない。

　　　　令和2年4月1日
　　　　　　　　遺言者　　山　田　太　郎　㊞

コメント　「売ってはならない」とすることの法的効果に疑問があります。

⑤ 日付が特定できない

遺　言　書

1、全ての不動産は長男山田一郎に相続させる。

　　　　令和2年4月
　　　　（又は、令和2年4月吉日）
　　　　　　　　遺言者　　山　田　太　郎　㊞

コメント　　日にちが入っていません。日にちが特定できない遺言は無効で
　　　　　す。何年何月何日まできちんと書かなくてはいけません。「吉日」
　　　　　も人や暦により異なり、日にちの特定としては不十分です。「大
　　　　　安」も同様に日にちの特定ができないのでダメです。

⑥ 贈与と解釈される余地

1、土地と建物は、全て長男山田一郎に贈与する。

　　　　令和2年4月1日
　　　　　　　　　　　山　田　太　郎　㊞

コメント　　冒頭に「遺言書」の文字や、氏名の頭に「遺言者」という文言
　　　　　がありません。贈与すると書かれているので遺言書とはみなされ
　　　　　ず、生前贈与とみなされる恐れがあります。そうなると、手続上
　　　　　これを実現する上での問題や税金の問題が発生するので要注意で
　　　　　す。

⑦ 連名の遺言はダメ

```
                   遺　言　書

1、私たちの財産は、全て長男山田一郎に相続させる。
                                              悪い文例
      令和2年4月1日

                遺言者　　山　田　太　郎　　㊞
                遺言者　　山　田　花　子　　㊞
```

コメント　　遺言を、連名ですることはできません。この遺言は無効です。

⑧ 少々酷な付言

```
                   遺　言　書

1、　遺産は、全て二男の山田二郎に相続させる。　　悪い文例

2、　長男の嫁の愛子さんには、長いこと私の看病をしてくれてあり
  がとう。とても感謝しています。
    私が死んで妻一人きりになったら、妻も病弱でなにかと大変だ
  と思いますから、これからも妻のことをくれぐれもよろしくお願
  いします。

      令和2年4月1日

                遺言者　　山　田　太　郎　　㊞
```

コメント　2の部分は、いわゆる「付言」と言われる文言です。
　　　　　義父の看病で散々苦労したであろうお嫁さんに、何の見返りも
　　　　記さずに、更に妻の世話を期待するお願いだけを書き残すのは、
　　　　お嫁さんに対して精神的に大きな負担を強いることになり少々酷
　　　　かも知れません。

76

⑨ 動物には遺贈できない

遺　言　書

1、現金 100 万円を愛犬ポチに遺贈する。

令和 2 年 4 月 1 日
遺言者　　山　田　太　郎　㊞

コメント　　　動物に遺贈することはできません。
　　　　　遺贈の目的が、愛犬の飼育や世話のためであるなら、面倒をみてくれそうな人に次のような遺言をすればよいと思います。
　　　　　「愛犬ポチの飼育をすることを条件として、長男○○にポチと現金 100 万円を遺贈する。」

⑩ 場所が特定できない

遺　言　書

1、下記の土地のうち、150 ㎡を長男山田一郎に相続させ、
　　残りの部分は妻山田花子に相続させる。

　　　○○市○○町一丁目 10 番 1
　　　　宅地　　　350 ㎡

　　　令和 2 年 4 月 1 日
遺言者　　山　田　太　郎　㊞

コメント　　　上記の文例では、広い土地のどこの部分を長男にあげたいのか分かりません。150 ㎡といっても、土地の東側部分なのか、道路側部分なのか、三角の形なのか、場所や形状を特定できず、あいまいです。
　　　　　場合によっては、面積割合による共有にする意味にもとれます。特定の場所を相続させたい場合は、その部分を特定できるように表現するか、図面を添付するなどの配慮が必要です。

経　験　談

　司法書士は、遺言に関してさまざまな
事例を経験しています。

　ここでは、その一部をご紹介したいと
思います。

経験談1　印鑑が押されていない遺言書

「この遺言書で登記ができますか？」

便箋に書かれたその遺言書は、遺言者の自筆によるものと思われる本文及び日付が記載され、署名もされていました。しかし、自筆証書遺言の重要な要件の一つである押印がありません。

遺言書の本体に押印がない場合でも、封印のために封筒の綴じ目に印鑑が押されていた場合や、封筒の氏名の下に印鑑が押されていた場合には、その遺言書は有効であるとする判例があります。

ところが、残念なことに、今回の遺言書には、封筒のどこにも印鑑が押されていませんでした。質問者には、このような遺言書では登記できない旨をお答えしましたが、せっかく遺言書を残された方の気持を思うと、今でも残念な気がしています。

普通の契約書であれば、印鑑が押してなくても、自署さえしてあれば契約書としての効力が認められることを考えると、自筆証書遺言の要件はかなり厳格ですね。

なお、昭和 49 年の最高裁判所の判例では、2 年ほど前に日本に帰化した白系ロシア人の英文の遺言書を、印鑑がなくても自筆証書遺言として認めました。

しかし、これは極めて特殊な例ですから、私たちには参考にはならないでしょう。

また、印鑑の代わりに拇印や指印を有効とする判例があるようですが、一方で拇印を印鑑として認めなかった判例もあります。

自筆証書遺言を書くときは、基本ルールを守って、忘れずに印鑑を押しましょう。

経験談2　多数の愛人へ遺言書を手渡す老人

これは知人の司法書士から聞いた話なので、真偽のほどは定かではありません。

あるモテモテの資産家の老人の話です。この老人は、近しくなった女性に対し、もしも自分が死んだら君にマンションをやる、アパートをやると言っては実際に遺言書を作り、女性に手渡すのだそうです。しかもその遺言書は、りっぱな公正証書。遺言書を受け取った女性は大感激です。そんな女性が、この老人の回りに何人もいたというのです。

　知人の司法書士は心配になって、「そんなに沢山の女性に気前よく財産をやってしまって本当に大丈夫ですか、家族に責められませんか?」と尋ねたら、この老人は平然として、「遺言書はただの紙切れだよ。」と言ったそうです。

　なんとこの老人は、同じ内容の遺言書を多数の女性に配ったうえで、内容が矛盾すれば最後の遺言書だけが有効となるということ、つまり以前作った遺言書は全部無効になることを十分に承知の上での行動だったそうです。

　「最後は、自分の家族のために遺言書を書いて、それを家族に手渡し、家族から手厚い看護を受けて旅立つんでしょうかね。」と知人はあきれ顔でした。

　遊び人の資産家から、死んだら財産をあげると言われても、素直に喜ぶことはできませんね。

経験談3　養子の子の運命

　Aさんから、92歳で亡くなった女性の相続登記の相談がありました。

　その女性は、生涯独身で子供がいなかったので、30数年前に親戚の男子を養子に迎えました。しかし、その養子は養親であるその女性よりも先に亡くなってしまいました。Aさんは、その亡くなった養子の長男として、相続手続の相談に見えたのでした。

　養子には実子と同じ相続権があります。養子が先に死亡したこの相続では、養子の子であるAさんが代襲相続人となるだろう、そう考えながら、戸籍を取り寄せて相続関係を確認したところ、何とAさんは、女性と父親が養子縁組する3か月前に生まれた子でした。養子は実子と同じ相続権があるといっても、養子の子が代襲相続できるのは養子縁組の後に生まれた子だけです。

Ａさんには兄弟が４人いますが、それほど仲が良いわけではありません。
Ａさんの今住んでいる家は、亡くなった女性の名義で、これをＡさんの名義
に変更したいという相談でした。Ａさんは、その女性から実の孫のようにか
わいがられ、Ａさんもその女性の面倒を亡くなるまで看ていたとのことです。
しかし、残念ながらＡさんには相続権がありません。このことをＡさんに伝
えるのは、本当に辛いことでした。

　この女性が生前にＡさんと養子縁組していれば、又は女性がＡさんに自宅
を遺贈するという遺言を残してくれていたら、このような不幸はなかったで
しょう。

経験談4　遺言書さえあれば

　亡くなったＡさんは３度結婚していました。最初はイギリス人女性と結婚
し、２度目・３度目は日本人女性でしたが、３度のお相手それぞれに子をも
うけていました。

　私は、遺言執行者ではなかったので、登記手続き以外の権限はありません
でしたが、３度目の奥さんに懇願され、窓口役となりました。

　イギリス人の子らは、幸いに、とても協力的でサイン証明など快く準備し
てくれたので助かりました。

　大変だったのは、15年前に別れた２度目の奥さんでした。私の事務所にい
つも相続人である娘さん（22歳位）にくっついてやってきました。娘さんは、
母親に全部まかせているといってほとんど口をききません。専ら話しの前面
に出てくるのは母親で、次から次へと非常に細かい注文をするので、ほとほ
と閉口しました。離婚してから15年も経ち、しかも思いもよらない多額の
財産が転がり込む話なのですから、もう少し愛想があっても良いでしょうが、
関係ない私に対してまで敵意を抱いているようでした。離婚に際してよほど
の事情があったのでしょうか。

　彼女は、全ての財産（Ａさんは不動産のほか、いくつかの証券会社と取引
があり、投資信託など沢山の金融資産をもっていました）の詳細とそれらの
評価を要求し、判をつく書類は全て事前にコピーを求めてきました。彼女が

納得する評価を出すだけでも大変な作業です。一方、彼女からもらいたい書類はというと、なかなか出してくれません。そんなこともあって、手続きが全て終わるのに半年くらいかかりました。

　とにかく遺言がない限り、相続人全員の書類がそろわなければ手続きできませんから、どんなに高飛車にでられても、書類をいただくためには、ひたすら低姿勢にならざるを得ません。3度目の奥さんが私に窓口役を懇願されたのも無理からぬことでした。

　遺言書があれば、このような「お願い事」はいらなくなるのですから、子供をもうけた人が再婚したときは、絶対に遺言を残しておくべきだと痛感しました。

経験談5　相続が済んで1年後、思わぬ連帯保証債務が！

　3年程前のこと。76才だった水道工事店の親方が亡くなり、相続人から相続登記を頼まれました。遺産は、店と自宅を兼ねた土地家屋と 200 万円ほどの預貯金。遺産の全部を妻が相続するという、よくあるケースでした。

　ところが、その登記を済ませて1年ほど後、娘さんから電話があり、「父が、友人の連帯保証人になっていて、その債権者から3千万円を超える保証債務の返済を迫る内容証明郵便が届き、借りた本人に連絡しようとしたが数か月前から行方不明。父が親しくしていた仕事仲間から、父は、他の借金の連帯保証もしていたようだ。」とのこと。奥さんが相続した遺産は土地家屋を売っても2千万円程度で、他の保証債務の請求の可能性もあります。亡くなった時に知っていれば当然相続放棄をするケースです。

　相続放棄は、被相続人が亡くなったことを知ってから原則3か月以内に家庭裁判所に申し出なければならないのが民法の定めです。しかし、亡くなった時は債務の存在を知らず、その後に多額の相続債務があると知った場合は、極めて限定的にですが、その債務を知った時から3か月以内に、一定の要件のもとに相続放棄をすることが認められる可能性があります。早速、奥さんと子供全員が相続放棄の申立てをすることにしました。ところが、配偶者と子が全員相続放棄をすると、被相続人の兄弟姉妹が相続人になります。そこ

で、亡くなった親方の兄弟たちにも相続債務のことを伝え、一緒に家庭裁判所へ相続放棄の申立てに向かいました。家庭裁判所での事情聴取等の後、何とか全員の相続放棄が認められ、債務を免れることができました。

　本件では幸いにも家庭裁判所が相続放棄の申述を受理してくれました。しかし、家庭裁判所によっては、本件のように遺産分割協議を経て相続登記まで終了しているようなときは、すでに相続を承認したものとして相続放棄を受理しないことがあります。また、仮に放棄を受理したとしても、これに納得しない債権者が放棄の無効を裁判で主張してくることも考えられます。

　住宅ローンや通常の借金であれば、本人も家族も知らないようなことはまずありません。それに対して保証債務は、債務者が返済を滞らせない限り債権者からの催促もないので、保証人になったこと自体を忘れてしまいがちです。
　保証人になったら、そのことを家族に伝えるなり、遺言書に書き残して、遺された家族が本件のような苦境に立たされることのないよう、配慮していただきたいと思います。

経験談6　判断しかねる遺言

　懇意にしている弁護士の先生から、次のような自筆証書遺言に基づいて登記をしてほしいという依頼を受けました。遺言書の内容は、およそ次のようなものでした。

遺言書
①　私が他界せる後は、財産に関しては妻の○○に全て託するものとする。
②　二男○○には、現在二男の家が建って居る土地を与えるものとする。
　　永い間の心遣いに感謝する気持ちからです。

　　　　令和○○年○月○日
　　　　　　　遺言者　○　○　○　○　㊞

さすがご高齢の方らしく、言葉使いが古風で筆跡も流麗なものでした。

さて、これで二男への土地の相続登記ができるでしょうか。

まず、①の「託する」とはどのような意味なのでしょうか？国語辞典では、「たのむ」、「あずける」、「ことづける」意味があるようですが、妻に相続分の指定や遺産分割の方法の指定を頼んだのでしょうか。ただ「託する」と書かれているだけで、登記実務でこのように解釈するのは無理があるように思います。そこで多少疑問はありますが、「託す」には、「あずける」意味もあるので、ここでは「相続させる」意味に解釈して話を進めます。

次に、②の「与える」はどのような意味を持つのでしょうか？これは、「相続させる」つもりで書いたものと判断して問題ないと思います。

とすると、①で「妻に全て託す（相続させる）」のに、②で「二男○○に土地を与える（相続させる）」というのは相反した内容ですね。したがって、この部分は①も②も無効と解釈できそうです。しかし、①が最初にあって②が次にあるということは、①の「妻に全て託す」のが原則で、②の「二男に土地を与える」のはその例外だとも解釈できます。最高裁判所の判例で、遺言書は、「遺言者の真意を合理的に探求し、できる限り適法有効なものとすべきである。」とされていることからも、この遺言書の②を書いた遺言者の真意は、二男に土地を相続させることである、そう解釈すべきではないでしょうか。

ところが、相続登記をする登記所では、遺言書の形式的な表現に重点を置き、「①と②が並列に記載され、内容が矛盾する。この遺言書では、妻への相続登記も二男への相続登記もいずれも申請を受理できない。」といっています。

遺言書で登記できないのであれば、遺産分割協議をすればよいと思われるかも知れませんが、それができない事情があるのです。

現在、冒頭の弁護士の先生と対処方法を検討中です。もしも、上記遺言書の②の冒頭に、「ただし」と３文字が加筆されていたら、②は①の例外であることが誰にでも分かり、問題なく登記ができたのにと思うと本当に残念です。

経験談7　約3分の1と書かれた遺言

　Aさんから、亡くなった母親の相続登記を依頼されました。

　Aさんの母親は、筆で書いた立派な自筆の遺言書を残していました。その遺言書には預貯金と建物は全てAさんに相続させる、土地は約3分の1をAさんに相続させると書かれていました。

　問題は、土地は「約3分の1」をAさんに相続させる、と書かれていた点です。母親は土地の100分の29を持っていたので、約3分の1という意味で書いたのでしょうか。しかし、「約3分の1」というような曖昧で不正確な数字が書かれた遺言書では、登記することができません。

　幸いにも今回は、他の相続人の方たちが母親の遺言を尊重し、遺言書の趣旨のとおり遺産分割協議をすることに同意したので、なんとか無事にAさん名義とする登記ができました。

　遺言書を書くときは、このような曖昧な表現、不正確な表現は絶対しないようにしましょう。

新・遺言制度コラム 4　特別の寄与の制度

　寄与分とは、被相続人の相続財産の維持又は増加に寄与した相続人がある場合、相続人の協議で、その相続人の寄与した額あるいはその割合を定めることができます。この寄与の額あるいはその割合を「寄与分」と言います。

　今回の民法改正により特別の寄与という制度が創設されました。

　この制度により、相続人でなくても、被相続人への無償の療養介護や、労務の提供を行った場合、寄与分が、認められるようになりました。

　たとえば、相続人の配偶者が、被相続人の療養看護に努め、被相続人の財産の維持又は増加に寄与した場合、特別寄与料として当事者に請求することができるようになります。

　とは言っても相続人の配偶者は、相続人でないことには変わりありませんので相続人全員でする遺産分割協議には、参加することはできず、それに代えて遺産分割の手続き外で相続人に対して金銭請求することが認められています。

　この特別寄与請求権を行使できる人の範囲は「被相続人の親族」と限定されています。まったく関係のない第三者は、さすがに請求することはできません。

　親族とは、6親等内の血族、配偶者、3親等内の姻族のことを指します。

　相当遠い血縁まで認められることになりますが、事実婚や同性のパートナーなどは認められないことになります。

　特別寄与料の額は、相続人との協議により定めます。協議が整わないときや、協議ができないときは、家庭裁判所へ協議に代わる処分を請求することもできます。相続が開始した地を管轄する家庭裁判所へ申し立てを行います。

　今回の改正により特別寄与料として、保護される親族が増えましたが、自ら金銭的な請求をすることが困難な方もいますので、できれば遺言をのこして、たとえば、献身的に介護をした長男の嫁などに財産の一部をあげるつまり遺贈をして報いるというほうが望ましいでしょう。

あとがき

　最後まで本冊子をお読みいただき、ありがとうございました。自筆証書遺言の作り方や書き方は、ご理解いただけたでしょうか？

　書きたい遺言の内容は、人により千差万別です。本冊子に掲載した遺言書文例はその意味で十分なものではありませんが、これらを参考に、皆様それぞれのご事情に合った適切な遺言書を書いていただければと思います。

　皆様の大切な人たちのために、本冊子がお役に立てば、何よりの喜びです。

少しでも不安が残るようでしたら、お近くの司法書士に相談して下さい。また、作成した遺言書をもとに公証役場で公正証書遺言にしておくのも、安心で確実な方法としてお勧めします。

勇気をだして相談してね！

ユーキくん
神奈川県司法書士会キャラクター

神奈川県司法書士協同組合

キャラクター紹介

「ユーキくん」

ボクの名前の由来は、ズバリ「勇気」!!さまざまな悩み事を相談できずにいる方々に、一歩踏み出して、勇気をもって相談して欲しい。そんな、わたしたち司法書士の願いと、決意を込めて僕が生まれました。大きな耳で、いろいろな相談に耳を傾けます。

「しほちゃん」

司法書士の「しほ」です！わたしたちの仕事を広く知ってもらいたい、もっとみなさんのお役に立ちたい、そんな司法書士の気持ちが集まってわたしが生まれました。現在、司法書士の認知度を上げたくて、広報活動のお手伝いをしています。あなたの街の身近な法律家、わたしたち司法書士をよろしくお願いします。

執筆編集者紹介

神奈川県司法書士協同組合

平成７年創立　組合員（神奈川県司法書士会所属司法書士）約４００名

本書の発行のほか、相続・遺言センターとしてホームページを開設して、広く相続・遺言関連の情報や組合員の司法書士の情報を提供しています。

本書に関する訂正・更新情報はホームページに掲載しております。

| 神奈川県司法書士協同組合 | 検索 |

政 府 刊 行 物 販 売 所 一 覧

政府刊行物のお求めは、下記の政府刊行物サービス・ステーション（官報販売所）
または、政府刊行物センターをご利用ください。

◎政府刊行物サービス・ステーション（官報販売所）

	〈名　称〉	〈電話番号〉	〈FAX番号〉		〈名　称〉	〈電話番号〉	〈FAX番号〉
札　幌	北海道官報販売所（北海道官書普及）	011-231-0975	271-0904	名古屋駅前	愛知県第二官報販売所（共同新聞販売）	052-561-3578	571-7450
青　森	青森県官報販売所（成田本店）	017-723-2431	723-2438	津	三重県官報販売所（別所書店）	059-226-0200	253-4478
盛　岡	岩手県官報販売所	019-622-2984	622-2990	大　津	滋賀県官報販売所（澤五車堂）	077-524-2683	525-3789
仙　台	宮城県官報販売所（仙台政府刊行物センター内）	022-261-8320	261-8321	京　都	京都府官報販売所（大垣書店）	075-746-2211	746-2288
秋　田	秋田県官報販売所（石川書店）	018-862-2129	862-2178	大　阪	大阪府官報販売所（かんぽう）	06-6443-2171	6443-2175
山　形	山形県官報販売所（八文字屋）	023-642-8887	642-2719	神　戸	兵庫県官報販売所	078-341-0637	382-1275
福　島	福島県官報販売所（西沢書店）	024-522-0161	522-4139	奈　良	奈良県官報販売所（啓林堂書店）	0742-20-8001	20-8002
水　戸	茨城県官報販売所	029-291-5676	302-3885	和歌山	和歌山県官報販売所（宮井平安堂内）	073-431-1331	431-7938
宇都宮	栃木県官報販売所（亀田書店）	028-651-0050	651-0051	鳥　取	鳥取県官報販売所（鳥取今井書店）	0857-23-1213	53-4395
前　橋	群馬県官報販売所（煥乎堂）	027-235-8111	235-9119	松　江	島根県官報販売所（今井書店）	0852-24-2230	27-8191
さいたま	埼玉県官報販売所（須原屋）	048-822-5321	822-5328	岡　山	岡山県官報販売所（有文堂）	086-222-2646	225-7704
千　葉	千葉県官報販売所	043-222-7635	222-6045	広　島	広島県官報販売所	082-962-3590	511-1590
横　浜	神奈川県官報販売所（横浜日経社）	045-681-2661	664-6736	山　口	山口県官報販売所（文栄堂）	083-922-5611	922-5658
東　京	東京都官報販売所（東京官書普及）	03-3292-3701	3292-1604	徳　島	徳島県官報販売所（小山助学館）	088-654-2135	623-3744
新　潟	新潟県官報販売所（北越書館）	025-271-2188	271-1990	高　松	香川県官報販売所	087-851-6055	851-6059
富　山	富山県官報販売所（Booksなかだ本店）	076-492-1192	492-1195	松　山	愛媛県官報販売所	089-941-7879	941-3969
金　沢	石川県官報販売所（うつのみや）	076-234-8111	234-8131	高　知	高知県官報販売所	088-872-5866	872-6813
福　井	福井県官報販売所（勝木書店）	0776-23-8464	27-3133	福　岡	福岡県官報販売所	092-721-4846	751-0385
甲　府	山梨県官報販売所（柳正堂書店）	055-268-2213	268-2214		・福岡県庁内	092-641-7838	641-7838
					・福岡市役所内	092-722-4861	722-4861
長　野	長野県官報販売所（長野西沢書店）	026-233-3187	233-3186	佐　賀	佐賀県官報販売所	0952-23-3722	23-3733
岐　阜	岐阜県官報販売所（郁文堂書店）	058-262-9897	262-9895	長　崎	長崎県官報販売所	095-822-1413	822-1749
				熊　本	熊本県官報販売所（金龍堂内）	096-354-5963	352-5665
静　岡	静岡県官報販売所	054-253-2661	255-6311	大　分	大分県官報販売所	097-532-4308	536-3416
名古屋	愛知県第一官報販売所	052-961-9011	961-9022	宮　崎	宮崎県官報販売所（田中書店）	0985-24-0386	22-9056
豊　橋	・豊川堂内	0532-54-6688	54-6691	鹿児島	鹿児島県官報販売所	099-285-0015	285-0017
				那　覇	沖縄県官報販売所（リウボウ）	098-867-1726	869-4831

◎政府刊行物センター（全国官報販売協同組合）

	〈電話番号〉	〈FAX番号〉
霞が関	03-3504-3885	3504-3889
仙　台	022-261-8320	261-8321

各販売所の所在地は、コチラから→ https://www.gov-book.or.jp/portal/shop/